শ্রী শ্রী লক্ষ্মী দেবীর
ব্রতকথা ও পাঁচালি

প্রকাশক- ডিভাইনভারত

অঙ্কনশিল্পী- সুজাতা সাহা

শ্রী শ্রী লক্ষ্মী দেবীর ব্রতকথা ও পাঁচালি

সমস্ত অধিকার সংরক্ষিত।

শ্রী শ্রী লক্ষ্মী দেবীর ব্রতকথা ও পাঁচালি- এর কোনও অংশ প্রকাশকের পূর্বলিখিত অনুমতি ছাড়া কোনও প্রকারে, যেমন ফটোকপি, রেকর্ডিং, বা অন্য কোনও ইলেকট্রনিক বা যান্ত্রিক পদ্ধতিতে প্রতিলিপি, বিতরণ বা প্রেরণ করা যাবে না। শুধুমাত্র সমালোচনামূলক পর্যালোচনায় ব্যবহৃত সংক্ষিপ্ত উদ্ধৃতির ক্ষেত্রে এবং কপিরাইট আইনে অনুমোদিত অ-ব্যবসায়িক ব্যবহারে কিছু ব্যতিক্রম প্রযোজ্য হতে পারে।

অনুমতির জন্য, প্রকাশকের সঙ্গে যোগাযোগ করুন।

অনুমতির জন্য যোগাযোগ করুন:

Info.divinebharat@gmail.com

ISBN: 978-93-343-1838-8

© ২০২৫ divinebharat

https://www.divinebharat.co

2

বিষয় সূচি

ভূমিকা
শ্রীশ্রীলক্ষ্মীদেবীর আবাহন
শ্রীশ্রীলক্ষ্মীদেবীর স্তুতি
শ্রীশ্রীলক্ষ্মীদেবীর ধ্যান মন্ত্র
শ্রীশ্রীলক্ষ্মীদেবীর স্তোত্রম্
শ্রীশ্রীলক্ষ্মীদেবীর প্রণাম মন্ত্র
শ্রীশ্রীলক্ষ্মীদেবীর গায়ত্রী মন্ত্র
শ্রীশ্রীলক্ষ্মীদেবীর পুষ্পাঞ্জলি মন্ত্র
শ্রী শ্রী লক্ষ্মী দেবীর ব্রতকথা এবং পঞ্চালী
শ্রীশ্রীলক্ষ্মীদেবীর বারমাস্যা
গণেশ বন্দনা
শ্রীশ্রীলক্ষ্মীদেবীর বোরন
পূজার প্রয়োজনীয়তা এবং প্রক্রিয়া
 শব্দকোষ

ভূমিকা

ভারতে সম্পদের দেবী লক্ষ্মী প্রায় প্রতিটি সম্প্রদায়ের কাছেই পূজিত হন।
লক্ষ্মী, দেবী দুর্গার চার সন্তানদের একজন, দুর্গাপূজার ঠিক পরেই পূজিত হন — সাধারণত পূর্ণিমার রাতে। যদিও অনেক সম্প্রদায়ে লক্ষ্মীপূজা দীপাবলির সময় অনুষ্ঠিত হয়। কোজাগরী লক্ষ্মীপূজা মূলত বাড়িতে অনুষ্ঠিত হয়, যদিও কিছু সম্প্রদায় ছোট প্যান্ডেল করে এই পূজা সামাজিকভাবে পালন করে।
বাঙালি পরিবারে লক্ষ্মী দেবীর প্রতিদিন পূজা হয়। প্রতিদিন সকালে দেবীর মূর্তি ভিজে কাপড় দিয়ে মুছে পরিষ্কার করা হয়, তাজা ফুল দিয়ে সাজানো হয়, এবং বাতাসা (চিনি বা গুড় দিয়ে তৈরি শুকনো মিষ্টি) ও এক গ্লাস জল নিবেদন করা হয়। এই একই অর্ঘ্য সন্ধ্যায় আবার দেওয়া হয়, সঙ্গে দেওয়া হয় প্রদীপ ও ধূপ, এবং শঙ্খ ধ্বনি করা হয়। বৃহস্পতিবার লক্ষ্মীপূজার জন্য বিশেষ গুরুত্বপূর্ণ।

অনুষ্ঠান, যা প্রতি বছর দুর্গাপূজার কয়েক দিন পর পূর্ণিমার রাতে পালন করা হয়। “কোজাগরী” শব্দটি এসেছে “কে জাগরী?” থেকে, যার অর্থ — “কে জেগে আছো?” এই রাত্রে দেবী লক্ষ্মী বাড়ি বাড়ি ঘুরে বেড়ান বলে বিশ্বাস করা হয় এবং যারা জেগে পূজায় মনোনিবেশ করেন, দেবী তাদের সমৃদ্ধি ও সৌভাগ্যের আশীর্বাদ প্রদান করেন। পশ্চিমবঙ্গে ধনী ও সাধারণ উভয় পরিবারই নিজেদের সামর্থ্য অনুযায়ী কোজাগরী লক্ষ্মীপূজা পালন করেন। এই দিনে উপবাস কঠোর হয় — ভক্তরা সাধারণত সন্ধ্যা পর্যন্ত কিছু খান না, যদিও অনেকেই এখন চা পান করেন।

প্রতিটি পরিবারে পূজার রীতি আলাদা হতে পারে। বেশিরভাগ বাড়িতে গৃহিণী নিজেই পূজা করেন, তবে কিছু পরিবারে পুরোহিতকে ডাকা হয়। এই পূজার একটি উল্লেখযোগ্য দিক হল — আল্পনা আঁকা। চালের গুঁড়োর পেস্ট দিয়ে মাটিতে সুন্দর নকশা আঁকা হয়, যাতে প্রায়ই লক্ষ্মীর পদচিহ্ন থাকে, দেবীর গৃহে আগমন ও স্থায়ী বসবাসের প্রতীক। প্রদীপ ও ধূপ জ্বালানো হয়। এই দিনে,

ঘটকে নতুন জল ও আমপাতা দিয়ে সতেজ করে, দেবীকে ফল ও মিষ্টি অর্ঘ্য দেওয়া হয়, যার মধ্যে নারকেলের নাড়ু ও মুড়ি দিয়ে তৈরি মিষ্টি থাকে। এই সব প্রসাদ বিশেষ যত্নে ও বিশুদ্ধতায় প্রস্তুত করা হয়, এবং বিশেষভাবে পূজার জন্য নির্ধারিত বাসনে তৈরি করা হয়।

এছাড়া, লক্ষ্মী দেবীর স্বামী নারায়ণ-এরও পূজা হয়। তাঁর জন্য সিন্নি নামক একটি বিশেষ প্রসাদ তৈরি করা হয় — যাতে থাকে আটা, কাঁচা দুধ, কলা ও চিনি, এবং মাঝে মাঝে উপরে কাজু-কিশমিশ দেওয়া হয়। ভেজানো চালে কলা ও চিনি মিশিয়ে দেওয়া অর্ঘ্যও একটি গুরুত্বপূর্ণ অংশ। কিছু পরিবারে নোনতা ভোগ হিসেবে খিচুড়ি, মিশ্র সবজির তরকারি (লাবড়া), ভাজা সবজি এবং পায়েশ (দুধে ভেজানো চালের পায়েস)-ও নিবেদন করা হয়। সব খাবার পবিত্রতা ও সততার সঙ্গে প্রস্তুত করা হয়।

শ্রীশ্রীলক্ষ্মীদেবীর আবাহন

ওঁ লক্ষ্মী দেবী ইহগচ্ছ ইহগচ্ছ
ইহো তিষ্ঠ ইহো তিষ্ঠ ইহো সন্নিধেহি
ইহো সন্নিরুদ্ধোষ্য অত্রাধিষ্ঠান কুরু
মম পূজনং গৃহাণ

শ্রীশ্রীলক্ষ্মীদেবীর স্তুতি

লক্ষ্মীস্তং সর্বদেবানাং যথাসম্ভব নিত্যশঃ।
স্থিরাভাব তথা দেবী মম জন্মনি জন্মনি।।
বন্দে বিষ্ণু প্রিয়াং দেবী দারিদ্র্য দুঃখনাশিনী।
ক্ষীরোদ সম্ভবাং দেবীং বিষ্ণুবক্ষ
বিলাসিনীঃ।।

শ্রীশ্রীলক্ষ্মীদেবীর ধ্যান মন্ত্র

ওঁ পাশাক্ষমালিকাম্ভোজ সৃণিভির্যাম্য
সৌম্যয়োঃ।
পদ্মাসনাস্থাং ধায়েচ্চ শ্রীয়ং ত্রৈলোক্য
মাতরং।।

শ্রীশ্রীলক্ষ্মীদেবীর স্তোত্রম্

ত্রৈলোক্য পূজিতে দেবী কমলে বিষ্ণুবল্লভে।
যথাস্তং সুস্থিরা কৃষ্ণে তথা ভবময়ি স্থিরা।।
ঈশ্বরী কমলা লক্ষ্মীশ্চলা ভূতি হরিপ্রিয়া।
পদ্মা পদ্মালয়া সম্পদ সৃষ্টি শ্রীপদ্মধারিণী।।
দ্বাদশৈতানি নামানি লক্ষ্মীং সম্পূজ্য যঃ
পঠেত।
স্থিরা লক্ষ্মীর্ভবেৎ তস্য
পুত্রদারারদিভিংসহ।।

(তিন বার পাঠ করতে হবে)

শ্রীশ্রীলক্ষ্মীদেবীর প্রণাম মন্ত্র

ওঁ বিশ্বরূপস্য ভার্যাসি পদ্মে পদ্মালয়ে শুভে।
সর্বতঃ পাহি মাং দেবী মহালক্ষ্মী নমোহস্তু তে।।

শ্রীশ্রীলক্ষ্মীদেবীর গায়ত্রী মন্ত্র

ওম শ্রী মহালক্ষ্ম্যৈ চ বিদ্মহে
বিষ্ণুপত্ন্যৈ চ ধীমহি
তন্নো লক্ষ্মী প্রচোদয়াত।

শ্রীশ্রীলক্ষ্মীদেবীর পুষ্পাঞ্জলি মন্ত্র

নমস্তে সর্বদেবানাং বরদাসি হরিপ্রিয়ে।
যা গতিস্তং প্রপন্নানাং সা মে ভূয়াত্বদর্চবাৎ।।

[ফুল, বেলপাতা এবং চন্দন হাতে নিন। এই মন্ত্রটি তিনবার উচ্চারণ করুন এবং দেবীকে অর্পণ করুন।]

শ্রীশ্রীলক্ষ্মীদেবীর পঞ্চালী

নারায়ণং নমস্কৃত্যনরং চৈব নরোত্তমম্

দেবীং সরস্বতীং চৈব ব্যাসং ততো জয়ম্ উদীরয়েত্

বন্দে বিষ্ণু প্রিয়াং দেবীং দারিদ্র্য দুঃখ নাশিনীম্

ক্ষীরোপুত্রীং কেশব কান্তাং বিষ্ণু বক্ষঃ বিলাসিনীম্

দোলপূর্ণিমা নিশীথে নির্মল আকাশ।
মন্দ মন্দ বহিতেছে মলয় বাতাস।।
লক্ষ্মীদেবী বামে করি বসি নারায়ণ।
কহিতেছে নানা কথা সুখে আলাপন।।
হেনোকালে বীণাযন্ত্রে হরি গুণগান।
উপনীত হইলেন নারদ ধীমান।।
ধীরে ধীরে উভপদে করিয়া প্রণতি।
অতঃপর কহিলেন লক্ষ্মীদেবী প্রতি।।
শুনো গো, মা নারায়ণি, চলো মর্ত্যপুরে।
তব আচরণে দুখ পাইনু অন্তরে।।
তব কৃপা বঞ্চিত হইয়া নরনারী।

ভুগিছে দুর্গতি কত বর্ণিবারে নারি।।
সতত কুকর্মে রত রহিয়া তাহারা।
দুর্ভিক্ষ অকালমৃত্যু রোগে শোকে সারা।।
অন্নাভাবে শীর্ণকায় রোগে মৃতপ্রায়।
আত্মহত্যা কেহ বা করিছে ঠেকে দায়।।
কেহ কেহ প্রাণাধিক পুত্রকন্যা সবে।
বেচে খায় হায় হায় অন্নের অভাবে।।
অন্নপূর্ণা অন্নরূপা ত্রিলোকজননী।
বল দেবি, তবু কেনো হাহাকার শুনি।।
কেনো লোকে লক্ষ্মীহীন সম্পদ অভাবে।
কেনো লোকে লক্ষ্মীছাড়া কুকর্ম প্রভাবে।।
শুনিয়া নারদবাক্য লক্ষ্মী ঠাকুরানি।
সঘনে নিঃশ্বাস ত্যজি কহে মৃদুবাণী।।
সত্য বাছা, ইহা বড় দুঃখের বিষয়।
কারণ ইহার যাহা শোনো সমুদয়।।
আমি লক্ষ্মী কারো তরে নাহি করি রোষ।
মর্ত্যবাসী কষ্ট পায় ভুঞ্জি কর্মদোষ।।
মজাইলে অনাচারে সমস্ত সংসার।
কেমনে থাকিব আমি বলো নির্বিকার।।

কামক্রোধ লোভ মোহ মদ অহংকার।
আলস্য কলহ মিথ্যা ঘিরিছে সংসার।।
তাহাতে হইয়া আমি ঘোর জ্বালাতন।
হয়েছি চঞ্চলা তাই ওহে বাছাধন।।
পরিপূর্ণ হিংসা দ্বেষ তাদের হৃদয়।
পরশ্রী হেরিয়া চিত্ত কলুষিত ময়।।
রসনার তৃপ্তি হেতু অখাদ্য ভক্ষণ।
ফল তার হের ঋষি অকাল মরণ।।
ঘরে ঘরে চলিয়াছে এই অবিচার।
অচলা হইয়া রোবো কোন সে প্রকার।।
এসব ছাড়িয়া যেবা করে সদাচার।
তার গৃহে চিরদিন বসতি আমার।।
এতো শুনি ঋষিবর বলে নারায়ণি।
অনাথের মাতা তুমি বিঘ্নবিনাশিনী।।
কিবা ভাবে পাবে সবে তোমা পদছায়া।
তুমি না রাখিলে ভক্তে কে করিবে দয়া।।
বিষ্ণুপ্রিয়া পদ্মাসনা ত্রিতাপহারিণী।
চঞ্চলা অচলা হও পাপনিবারণী।।
তোমার পদেতে মা মোর এ মিনতি।

দুখ নাশিবার তব আছে গো শকতি।।
কহ দেবি দয়া করে ইহার বিধান।
দুর্গতি হেরিয়া সব কাঁদে মোর প্রাণ।।
দেবর্ষির বাক্য শুনি কমলা উতলা।
তাহারে আশ্বাস দানে বিদায় করিলা।।
জীবের দুঃখ হেরি কাঁদে মাতৃপ্রাণ।
আমি আশু করিব গো ইহার বিধান।।
নারদ চলিয়া গেলে দেবী ভাবে মনে।
এত দুঃখ এত তাপ ঘুচাব কেমনে।।
তুমি মোরে উপদেশ দাও নারায়ণ।
যাহাতে নরের হয় দুঃখ বিমোচন।।
লক্ষ্মীবাণী শুনি প্রভু কহেন উত্তর।
ব্যথিত কি হেতু প্রিয়া বিকল অন্তর।।
যাহা বলি, শুন সতি, বচন আমার।
মর্ত্যলোকে লক্ষ্মীব্রত করহ প্রচার।।
গুরুবারে সন্ধ্যাকালে যত নারীগণ।
পূজা করি ব্রতকথা করিবে শ্রবণ।।
ধন ধান্য যশ মান বাড়িবে সবার।
অশান্তি ঘুচিয়া হবে সুখের সংসার।।

নারায়ণ বাক্যে লক্ষ্মী হরষ মনেতে।
ব্রত প্রচারণে যান ত্বরিত মর্তেতে।।
উপনীত হন দেবী অবন্তী নগরে।
তথায় হেরেন যাহা স্তম্ভিত অন্তরে।।
ধনেশ্বর রায় হয় নগর প্রধান।
অতুল ঐশ্বর্য তার কুবের সমান।।
হিংসা দ্বেষ বিজারিত সোনার সংসার।
নির্বিচারে পালিয়াছে পুত্র পরিবার।
একান্নতে সপ্তপুত্র রাখি ধনেশ্বর।
অবসান নরজন্ম যান লোকান্তর।।
পত্নীর কুচক্রে পড়ি সপ্ত সহোদর।
পৃথগন্ন হল সবে অল্প দিন পর।।
হিংসা দ্বেষ লক্ষ্মী ত্যাজে যত কিছু হয়।
একে একে আসি সবে গৃহে প্রবেশয়।।
এসব দেখিয়া লক্ষ্মী অতি ক্রুদ্ধা হল।
অবিলম্বে সেই গৃহ ত্যজিয়া চলিল।।
বৃদ্ধ রানি মরে হায় নিজ কর্মদোষে।
পুরীতে তিষ্ঠিতে নারে বধূদের রোষে।।
পরান ত্যজিতে যান নিবিড় কাননে।

চলিতে অশক্ত বৃদ্ধা অশ্রু দুনয়নে।।
ছদ্মবেশে লক্ষ্মীদেবী আসি হেন কালে।
উপনীত হইলেন সে ঘোর জঙ্গলে।।
সদয় কমলা তবে জিজ্ঞাসে বৃদ্ধারে।
কিবা হেতু উপনীত এ ঘোর কান্তারে।।
লক্ষ্মীবাক্যে বৃদ্ধা কহে শোন ওগো মাতা।
মন্দভাগ্য পতিহীনা করেছে বিধাতা।।
ধনবান ছিল পিতা মোর পতি আর।
লক্ষ্মী বাঁধা অঙ্গনেতে সতত আমার।।
সোনার সংসার মোর ছিল চারিভিতে।
পুত্র পুত্রবধূ ছিল আমারে সেবিতে।।
পতি হল স্বর্গবাসী সুখৈশ্বর্য যত।
একে একে যাহা কিছু হল তিরোহিত।।
ভিন্ন ভিন্ন হাঁড়ি সব হয়েছে এখন।
অবিরত বধূ যত করে জ্বালাতন।।
অসহ্য হয়েছে এবে তাদের যন্ত্রণা।
এ জীবন বিসর্জিতে করেছি বাসনা।।
বৃদ্ধা বাক্যে নারায়ণী কহেন তখন।
আত্মহত্যা মহাপাপ শাস্ত্রের বচন।।

ফিরে যাও ঘরে তুমি করো লক্ষ্মীব্রত।
সর্ব দুঃখ বিমোচিত পাবে সুখ যত।।
গুরুবারে সন্ধ্যাকালে বধূগণ সাথে।
লক্ষ্মীব্রত করো সবে হরষ মনেতে।।
পূর্ণ ঘটে দিবে শুধু সিঁদুরের ফোঁটা।
আম্রশাখা দিবে তাহে লয়ে এক গোটা।।

গুয়াপান দিবে তাতে আসন সাজায়ে।
সিন্দূর গুলিয়া দিবে ভক্তিযুক্ত হয়ে।।
ধূপ দীপ জ্বালাইয়া সেইখানে দেবে।
দূর্বা লয়ে হাতে সবে কথা যে শুনিবে।।
লক্ষ্মীমূর্তি মানসেতে করিবেক ধ্যান।
ব্রতকথা শ্রবণান্তে শান্ত করে প্রাণ।।
কথা অন্তে ভক্তিভরে প্রণাম করিবে।
অতঃপর এয়োগণ সিঁদুর পরাবে।।
প্রতি গুরুবারে পূজা যে রমণী করে।
নিষ্পাপ হইবে সে কমলার বরে।।
বার মাস পূজা হয় যে গৃহেতে।
অচলা থাকেন লক্ষ্মী সেই সে স্থানেতে।।
পূর্ণিমা উদয় হয় যদি গুরুবারে।
যেই নারী এই ব্রত করে অনাহারে।।
কমলা বাসনা তার পুরান অচিরে।
মহাসুখে থাকে সেই সেই পুত্রপরিবারে।।
লক্ষ্মীর হাঁড়ি এক স্থাপিয়া গৃহেতে।
তণ্ডুল রাখিবে দিন মুঠা প্রমাণেতে।।
এই রূপে নিত্য যেবা সঞ্চয় করিবে।

অসময়ে উপকার তাহার হইবে।।
সেথায় প্রসন্না দেবী কহিলাম সার।
যাও গৃহে ফিরে কর লক্ষ্মীর প্রচার।।
কথা শেষ করে দেবী নিজ মূর্তি ধরে।
বৃদ্ধারে দিলেন দেখা অতি কৃপা ভরে।।
লক্ষ্মী হেরি বৃদ্ধা আনন্দে বিভোর।
ভূমিষ্ট প্রণাম করে আকুল অন্তর।।
ব্রত প্রচারিয়া দেবি অদৃশ্য হইল।
আনন্দ হিল্লোলে ভেসে বৃদ্ধা ঘরে গেল।।
বধূগণে আসি বৃদ্ধা বর্ণনা করিল।
যে রূপেতে বনমাঝে দেবীরে হেরিল।।
ব্রতের পদ্ধতি যাহা কহিল সবারে।
নিয়ম যা কিছু লক্ষ্মী বলেছে তাহারে।।
বধূগণ এক হয়ে করে লক্ষ্মীব্রত।
স্বার্থ দ্বেষ হিংসা যত হইল দূরিত।।
ব্রতফলে এক হল সপ্ত সহোদর।
দুঃখ কষ্ট ঘুচে যায় অভাব সত্বর।।
কমলা আসিয়া পুনঃ আসন পাতিল।
লক্ষ্মীহীন সেই গৃহে লক্ষ্মী অধিষ্ঠিল।।

গরীব ব্রাহ্মণের উপাখ্যান

দৈবযোগে একদিন বৃদ্ধার গৃহেতে।
আসিল যে এক নারী ব্রত সময়েতে।।
লক্ষ্মীকথা শুনি মন ভক্তিতে পুরিলো।
লক্ষ্মীব্রত করিবে সে মানত করিলো।।
কুষ্ঠরোগগ্রস্থ পতি ভিক্ষা করি খায়।
তাহার আরোগ্য আশে পূজে কমলায়।।
ভক্তিভরে এয়ো লয়ে যায় পূজিবারে।
কমলার বরে সব দুঃখ গেল দূরে।।
পতির আরোগ্য হল জন্মিল তনয়।
ঐশ্বর্যে পুরিল তার শান্তির আলয়।।
লক্ষ্মীব্রত এই রূপে প্রতি ঘরে ঘরে।
প্রচারিত হইল যে অবন্তী নগরে।।

সোডাগরের উপাখ্যান

অতঃপর শুনো এক অপূর্ব ঘটন।
ব্রতের মাহাত্ম্য কিসে হয় প্রচলন।।
একদিন গুরুবারে অবন্তীনগরে।

মিলি সবে এয়োগন লক্ষ্মীব্রত করে।।
শ্রীনগরবাসী এক বণিক নন্দন।
দৈবযোগে সেই দেশে উপনীত হন।।
লক্ষ্মীপূজা হেরি কহে বণিক তনয়।
কহে, এ কি পূজা করো, কিবা ফল হয়।।
বণিকের কথা শুনি বলে নারীগণ।
লক্ষ্মীব্রত ইহা ইথে মানসপূরণ।।
ভক্তিভরে যেই নর লক্ষ্মীব্রত করে।
মনের আশা তার পুরিবে অচিরে।।
সদাগর এই শুনি বলে অহংকারে।।
অভাগী জনেতে হায় পূজে হে উহারে।।
ধনজনসুখ যত সব আছে মোর।
ভোগেতে সদাই আমি রহি নিরন্তর।।
ভাগ্যে না থাকিলে লক্ষ্মী দিবে কিবা ধন।
একথা বিশ্বাস কভু করি না এমন।।
হেন বাক্য নারায়ণী সহিতে না পারে।
অহংকার দোষে দেবী ত্যজিলা তাহারে।।
বৈভবেতে পূর্ণ তরী বাণিজ্যেতে গেলে।
ডুবিল বাণিজ্যতরী সাগরের জলে।

প্রাসাদ সম্পদ যত ছিল তার।
বজ্র সঙ্গে হয়ে গেল সব ছারখার।।
ভিক্ষাঝুলি স্কন্ধে করি ফিরে দ্বারে দ্বারে।
ক্ষুধার জ্বালায় ঘোরে দেশ দেশান্তরে।।
বণিকের দশা যেই মা লক্ষ্মী দেখিল।
কমলা করুণাময়ী সকলি ভুলিল।।
কৌশল করিয়া দেবী দুঃখ ঘুচাবারে।
ভিক্ষায় পাঠান তারে অবন্তী নগরে।।
হেরি সেথা লক্ষ্মীব্রত রতা নারীগণে।
বিপদ কারণ তার আসিল স্মরণে।।
ভক্তিভরে করজোড়ে হয়ে একমন।
লক্ষ্মীর বন্দনা করে বণিক নন্দন।।
ক্ষমা কর মোরে মাগো সর্ব অপরাধ।
তোমারে হেলা করি যত পরমাদ।।
অধম সন্তানে মাগো কর তুমি দয়া।
সন্তান কাঁদিয়া মরে দাও পদছায়া।।
জগৎ জননী তুমি পরমা প্রকৃতি।
জগৎ ঈশ্বরী তবে পূজি নারায়ণী।।
মহালক্ষ্মী মাতা তুমি ত্রিলোক মণ্ডলে।

গৃহলক্ষ্মী তুমি মাগো হও গো ভূতলে।।
রাস অধিষ্ঠাত্রী তুমি দেবী রাসেশ্বরী।
তব অংশভূতা যত পৃথিবীর নারী।।
তুমিই তুলসী গঙ্গা কলুষনাশিনী।
সারদা বিজ্ঞানদাত্রী ত্রিতাপহারিণী।।
স্তব করে এইরূপে ভক্তিযুক্ত মনে।
ভূমেতে পড়িয়া সাধু প্রণমে সে স্থানে।।
ব্রতের মানত করি নিজ গৃহে গেল।
গৃহিণীরে গৃহে গিয়া আদ্যান্ত কহিল।।
সাধু কথা শুনি তবে যত নারীগণ।
ভক্তিভরে করে তারা লক্ষ্মীর পূজন।।
সদয় হলেন লক্ষ্মী তাহার উপরে।
পুনরায় কৃপাদৃষ্টি দেন সদাগরে।।
সপ্ততরী জল হতে ভাসিয়া উঠিল।
আনন্দেতে সকলের অন্তর পুরিলো।।
দারিদ্র অভাব দূর হইল তখন।
আবার সংসার হল শান্তি নিকেতন।।
এইরূপে ব্রতকথা মর্ত্যেতে প্রচার।
সদা মনে রেখো সবে লক্ষ্মীব্রত সার।।

এই ব্রত যেই জনে করে এক মনে।
লক্ষ্মীর কৃপায় সেই বাড়ে ধনে জনে।।
অপুত্ররো পুত্র হয় নিরধনরো ধন।
ইহালোকে সুখী অন্তে বৈকুণ্ঠে গমন।
লক্ষ্মী ব্রতের কাহিনী বড়ই মধুর।
অতি যত্নে রেখো তার আশনের উপর।
যে জন ব্রতের শেষে স্তোত্র পাঠ করে।
অভাব ঘুচিয়া যায় লক্ষ্মী দেবীর বোড়ে।
লক্ষ্মীরে পঞ্চালী কাহিনী হলো সমাপন।
ভক্তি করি বড়ো মাগো যার যাহা মন।
সিতীতে সিন্দুর দাও সব ঐ মিলেই।
উলুধ্বনী করো শোবে অতি কৌতুহলে।
দুই হাত জুড়ি ভক্তি যুক্ত মন।
নমস্কার করো শোবে দেবীর চরণে।
প্রণামামি লক্ষ্মী দেবী বিষ্ণুর ঘরণী।
খীরোদা সম্ভব দেবী তুমি নারায়ণী।
অগোতির গতি মাতা জগতের পালনী।
দয়াময়ী তুমি মাতা বিপদ নাশিনী।

ভাগতো বোতসল্যা দেবী সত্য স্বরূপিণী।
হরিপ্রিয়া পদ্মাসনে ভূভারো হারিণী।
চঞ্চলা কোমলা মাঘো ত্রিলোক তারিণী।
প্রণামামি কৃপাময়ী মাধোব ঘরণী।
ভবসাধা তুমি মাতা কৃষ্ণো আরাধিতা।
পদছায়া দিয়ে তুমি কৃপা করো মাতা।
আর কিছু চাইনা মা এই অভিলাষ,
অন্তকালে নারায়ণী করো না নিরাশ।
অজ্ঞান অধম আমি করো মোরে দয়া,
পড়েছি বিপাকে দেবী দেহো পদছায়া।

ইতি লক্ষ্মী দেবী ব্রতকথা

শ্রীশ্রীলক্ষ্মীদেবীর বারোমাসা

বছরের প্রথম মাস বৈশাখ যে হয়।
পূজা নিতে এসো ওমা আমার আলয়।।
জ্যৈষ্ঠ মাসে ষষ্ঠী পূজা হয় ঘরে ঘরে।
এসো বসো তুমি ওমা পূজার বাসরে।।
আষাঢ়ে আসিতে মাগো নাহি করো দেরি।
পূজা হেতু রাখি মোরা ধান্য দুর্বা ধরি।
শ্রাবণের ধারা দেখ চারি ধারে পড়ে।
পূজিবারে ও চরণ ভেবেছি অন্তরে।।
ভাদ্র মাসে ভরা নদী কুল বেয়ে যায়।
কৃপা করি এসো মাগো যত শীঘ্র হয়।।
আশ্বিনে অম্বিকা সাথে পূজা আয়োজন।
কোজাগরী রাতে পুনঃ করিব পূজন।।
কার্তিকে কেতকী ফুল চারিধারে ফোটে।
এসো মাগো এসো বসো মোর পাতা ঘটে।।
অঘ্রাণে আমন ধান্যে মাঠ গেছে ভরে।
লক্ষ্মীপূজা করি মোরা অতি যত্ন করে।।
পৌষপার্বনে মাগো মনের সাধেতে।
প্রতি গৃহে লক্ষ্মী পূজি নবান্ন ধানেতে।।

মাঘ মাসে মহালক্ষ্মী মহলেতে রবে।
নব ধান্য দিয়া মোরা পূজা করি সবে।।
ফাল্গুনে ফাগের খেলা চারিধারে হয়।
এসো মাগো বিষ্ণুজায়া পূজিগো তোমায়।।
চৈত্রেতে চাতক সম চাহি তব পানে।
আসিয়া ব সো ওমা দুঃখিনীর ভবনে।।
লক্ষ্মীদেবী বারমাস্যা হৈল সমাপন।
ভক্তজন মাতা তুমি করহ কল্যাণ।।

গণেশ বন্দনা

বন্দ দেব গজানন বিঘ্ন বিনাশন।
নমঃ প্রভু মহাকায় মহেশ নন্দন।।
সর্ববিঘ্ন নাশ হয় তোমার শরণে।
অগ্রেতে তোমার পূজা করিনু যতনে।।
নমো নমো লম্বোদর নমঃ গণপতি।
মাতা যার আদ্যাশক্তি দেবী ভগবতী।।
সর্বদেব গণনায় অগ্রে যার স্থান।
বিধি-বিষ্ণু মহেশ্বর আর দেবগণ।।
ত্রিনয়নী তারার বন্দিনু শ্রীচরণ।
বেদমাতা সরস্বতীর লইনু শরণ।।

শ্রীশ্রীলক্ষ্মীদেবীর বরণ

তুমি মাগো লক্ষ্মীদেবী কমল বরণী।
কমললতিকা কৃপা কর নারায়ণী।।
সাজায়ে রেখেছি মাগো ধান্য-গুয়া-পান।
আসিয়া মাগো কর ঘটেতে অধিষ্ঠান।।
ঘরেতে ধূপ ধূনা আর ঘৃতবাতি।
হৃদয় কমলে ওমা করহ বসতি।।
পদ্মাসনে পদ্মদল রাখি থরে থরে।
শঙ্খ বাদ্যে বরণ করি তোমা ছরে।।
সবে করি লক্ষ্মীপূজা অতি সযতনে।
আশিস করহ মাতঃ আমা সব জনে।।

পূজার প্রয়োজনীয়তা এবং প্রক্রিয়া

আসনের পাশে চালের পেস্ট দিয়ে আলপনা আঁকা হয়। ঘট মাটির উপর রাখা হয়, তাতে কিছু ধান এবং দুর্বা রাখা হয়। ঘটটি জলে ভরা হয়। ঘটের ভিতর দুর্বা, চাল এবং সুপারি রাখা যেতে পারে। ঘটের উপর তেল মিশিয়ে সিঁদুর দিয়ে স্বস্তিক চিহ্ন আঁকা হয়। আম পাতাকে ঘটের উপরে রাখা হয়। আম পাতা, পান এবং সুপারিতে সিঁদুর লাগানো হয়। পান এবং সুপারি আম পাতার উপরে রাখা হয়, যা ঘটের উপরে স্থাপন করা হয়। বেলপাতা, ফল, পান, সুপারি, হরীতকী এবং কাউড়ি দেবীকে অর্পণ করা হয়। ঘৃত-প্রদীপ জ্বালানো হয়। তন্দুল (কাঁচা চাল) পূজায় নিবেদন করা হয়।

পূজা করার আগে স্নান করতে হবে এবং বিশুদ্ধ বস্ত্র পরতে হবে। প্রথমে দেবীর মূর্তি বা ছবি সাজানো আসনের উপর রাখা হয়। এরপর তাকে জল বা ভেজা কাপড় দিয়ে স্নান করানো হয়। দেবীকে মালা এবং ফুল নিবেদন করা হয়। চন্দন এবং সিঁদুর দেবীর গায়ে লাগানো হয় এবং একইভাবে ভক্তের কপাল এবং শঙ্খেও লাগানো হয়। পূজা শুরুর আগে এবং শেষে শঙ্খ বাজানো হয়। লক্ষ্মী পূজার সময় কাঁসার ঘণ্টা বাজানো হয় না, কারণ দেবী লক্ষ্মী তীব্র শব্দ পছন্দ করেন না। দুর্বা এবং ফুল হাতে নিয়ে ভক্ত উলুধ্বনি সহ পূজা শুরু করতে পারেন।

শব্দকোষ

আল্পনা = চালের গুঁড়ো দিয়ে তৈরি এক ধরনের অলঙ্করণ।

ঘট = (পূর্ণ-কলশ, পূর্ণ-কুম্ভ, পূর্ণ-ঘট) একটি ধাতব (পিতল, তামা, রুপা বা সোনা) পাত্র, যার তলা বড় এবং মুখ ছোট হয়।

ধান = এমন চাল, যেটির শিষের আবরণ থাকে।

দূর্বা = ঘাস

সুপারি = সুপারি ফল

আম পল্লব = আম গাছের শাখার শীর্ষভাগ, যাতে কয়েকটি (বেজোড় সংখ্যা, সাধারণত ৫টি) পাতা থাকে।

পান = পানের পাতা

বেলপাতা (বিল্বপত্র) = বেল গাছের পাতা

হরীতকী = হরিতকী ফল

ঘৃত প্রদীপ = ঘি দিয়ে তৈরি প্রদীপ

শুদ্ধ বস্ত্র = প্রাকৃতিক তন্তু যেমন সুতির, রেশমের বা লিনেন কাপড়

স্নান = গোসল

মালা = ফুলের মালা

চন্দন = চন্দন কাঠ

চন্দ মালা = শোলার তৈরি অলঙ্করণ

শাখা = শাঁখের তৈরি চুড়ি

কাউড়ি = ঝিনুক

আলতা = মহিলাদের পায়ে দেওয়ার লাল রং
কাঁসা-ঘণ্টা = পিতলের ঘণ্টা (যা লক্ষ্মী পূজায় বাজানো হয় না)
উলুধ্বনি = অপদৃষ্ট থেকে রক্ষা পেতে জিহ্বা ঘুরিয়ে দেওয়া এক বিশেষ ধ্বনি
খই-মুড়কি = গুড়ের শিরায় মেশানো খই
নারকেল নাড়ু = গুড় বা চিনি দিয়ে তৈরি নারকেলের মিষ্টি
কদমা বাতাসা = এক ধরনের বাংলার চিনি দিয়ে তৈরি মিষ্টি
চাল মাখা/নৈবেদ্য = ফল, মিষ্টি এবং দইয়ের সাথে মেশানো ভেজানো কাঁচা চাল

www.ingramcontent.com/pod-product-compliance
Lightning Source LLC
LaVergne TN
LVHW010422070526
838199LV00064B/5385
* 9 7 8 9 3 3 4 3 1 8 3 8 8 *